Versos sobre Aves

Juan Moisés de la Serna

Editorial Tektime

2019

Prólogo

—¡Pío!, ¡Pío!. Así cantaba
un pollito chiquitín
cuando en el patio estaba
ahora te lo cuento aquí.

Era un colegio de niños
en las afueras de un pueblo
un día uno al venir
en el campo encontró un huevo.

En una cajita chica
allí le depositaron
y cuando pasó el tiempo
un pollito encontraron.

Por la noche había nacido
pero en la cajita estaba
—Pio, Pio. Fue el chillido
que muy bajito él daba.

AMOR

Dedicado a mis padres

Contenido

1. PIO, PIO, ASÍ CANTABA 7

2. LA CIGÜEÑA DE MI PUEBLO 10

3. OCHO CISNES COMILONES 14

4. LA OCA LISTA 17

5. EL BUITRE DORMILÓN 22

6. LA CODORNIZ Y EL CONEJO 25

7. LA CIGÜEÑA Y LA MOSCA 28

8. EL GUSANO Y EL PÁJARO 31

9. EL NIDO DEL AGUILA 34

10. EL GORRIÓN CONSTIPADO 37

11. EL COLIBRÍ LISTO 41

12. LOS PAJAROS ENJAULADOS 43

13. EL CAMELLO JOROBADO 46

14. LA CACATÚA PARLANTE 50

15. LA LECHUZA COLORADA 54

16. EL HALCÓN HERIDO 58

17. EL PÁJARO CARPINTERO 61

18. LA BONITA GOLONDRINA 64

19. LAS GARZAS ROSAS 66

20. EL LORITO PARLANCHÍN 69

21. LA PERDIZ TRAVIESA 73

22. EL PAVO REAL 77

23. LOS PÁJAROS MAÑANEROS 79

24. EL AVESTRUZ CORREDORA 81

1. PIO, PIO, ASÍ CANTABA

—¡Pío!, ¡Pío!. Así cantaba
un pollito chiquitín
cuando en el patio estaba
ahora te lo cuento aquí.

Era un colegio de niños
en las afueras de un pueblo
un día uno al venir
en el campo encontró un huevo.

En una cajita chica
allí le depositaron
y cuando pasó el tiempo
un pollito encontraron.

Por la noche había nacido
pero en la cajita estaba
—Pio, Pio. Fue el chillido
que muy bajito él daba.

Al colegio han entrado
los niños ésta mañana
el pollito han encontrado
se organiza la jarana.

Todos quieren ver al pollo
y tocarle un poquito
la maestra le protege
porque es muy chiquitito.

Pero un problema surge
¿qué le darán de comer?
nadie sabe lo que come
pero lo tendrán que hacer.

La señorita les dice
—Buscaremos solución
preguntaré al vecino
me aclarará la cuestión.

»En la granja del vecino
sabrán lo que hay que hacer.
Le llama enseguida
pronto él lo viene a ver.

En brazos una gallina
con ella apareció
cuando ésta vio al pollito
mucha alegría le entró.

La ponen allí a su lado
el pollito que la vio
corriendo bajo su ala
allí que se escondió.

Los niños miran curiosos
nunca han visto así
cómo protege una madre
y lo deciden allí.

Que se marche el hijito
y la madre está feliz
y los niños muy contentos
los ven a los dos partir.

La gallina y el pollito
pasito a pasito van
camino de su casita
donde los dos vivirán.

Pero el granjero les dice
que una cosa va a hacer
una vez a la semana
le volverá a traer.

—Pio, pio. Ellos escuchan
un día allí a la entrada
su alegría es mucha
el pollito les visitaba.

Todos alegres están
y juegan con el pollito
corretean tras de él
aunque sea chiquitito.

Las visitas se repiten
en el patio juegan todos
el tiempo se va pasando
son felices de este modo.

Ven como se hace grande
y es feliz con su mamá
los niños han comprendido
que allí tenía que estar.

Cada uno en familia
es donde debe vivir
así es mejor para todos
eso les hará feliz.

AMOR

2. LA CIGÜEÑA DE MI PUEBLO

En lo alto de la torre
vigilante se la ve
todos los días erguida
o en su nido después.

De improviso llego un día
el sitio este buscó
para construir su nido
después aquí se quedó.

Con palos, poquito a poco
el nido fue construyendo
ella volaba y volaba
los palos iba trayendo.

Con paciencia los coloca
muy fijos tienen que estar
porque el viento mucho azota
en lo alto donde está.

La torre del campanario
la más alta del lugar
la que ella ha escogido
para su nido instalar.

La altura no le da miedo
allí estará mejor
nadie la molestará
quizás eso lo pensó.

Por la mañana temprano
la cigüeña sale a ver
cómo están hoy los campos
y vuelve al atardecer.

Todos los días lo mismo
ella regresa aquí
donde ha puesto su nido
es donde quiere vivir.

Cuando tocan las campañas
ella muy tranquila está
el ruido no la molesta
después ya se marchará.

Pasa mucho tiempo allí
nadie la controlará
no se sabe lo que tiene
pero un día se verá.

Cuatro chicas cabecitas
aparecen por allí
sobresaliendo del nido
a ella la veo venir.

Algo trae en el pico
al nido se acercó
comida a los polluelos
seguro que transportó.

Siguen pasando los días
los polluelos han crecido
se les ve como el vuelo
uno a uno han emprendido.

El tiempo pasa volando
ella está sola otra vez
el nido va reformando
trabajando está en él.

La vida y su ciclo siguen
las cabecitas allí
otra vez se las divisa
y el tiempo pasa así.

Muchos años la cigüeña
en este lugar vivió
no sé si será la misma
a mí me lo pareció.

Pero sigue en la torre
si vienes lo puedes ver
allí en el campanario
su nido va a tener.

Grande, tremendo diría
poco a poco construyó
allí sus hijos tendría
así su vida pasó.

En muchos pueblos lo mismo
la cigüeña puedes ver
subida allí en lo alto
su nido vuelve a hacer.

No le da miedo la altura
cuanto más alto mejor
allí no molesta nadie
solo el viento, solo el sol.

Pero la cigüeña siempre
en lo alto la verás
dominando todo el pueblo
ese que abajo está.

Los que andan por las calles
y la miran al pasar
y sonríen allí al verla
tan alto como ella está.

Esa cigüeña hermosa
que un día aquí llegó
que vive ahí tranquila
nunca a nadie molestó.

Volando surca el espacio
vueltas y vueltas que da
más deprisa o más despacio
a su nido volverá.

Ese que con tanto amor
y paciencia hizo un día
donde a sus hijos cuidó
y la comida les traería.

Una cigüeña en mi pueblo
en la torre la verás
allí en el campanario
subida la encontrarás.

AMOR

3. OCHO CISNES COMILONES

Un cisne había en el lago
cuando yo me acerqué
se vino corriendo a mí
tanto que yo me asusté.

Él me miraba de frente
enseguida comprendí
que me pedía comida
abrí el bolso y se la di.

Del desayuno llevaba
un dulce allí guardado
poco a poco se lo daba
y corriendo lo ha tomado.

Al ver otros aquel hecho
deprisa se acercaron
y antes de darme cuenta
ocho cisnes me rodearon.

El plumaje era precioso
como la nieve brillaba
el blanco de aquellos cisnes
a mí me maravillaba.

Su pico rojo se abría
me pedía de comer
con los otros repartía
no lo quería sólo hacer.

Para atrás me fui moviendo
y sorpresa me llevé
los ocho fueron saliendo
hasta que yo me paré.

Comprobando la grandeza
a mi lado los tenía
estirando su cabeza
más alta era que la mía.

Preciosa era la estampa
que a mi lado estaba
unos cisnes compartiendo
lo que yo allí les daba.

Se movían a mi lado
no se querían marchar
la comida he terminado
no les podía dar más.

Paseamos un gran rato
con cisnes alrededor
vi allí cerca una tienda
a comprar me acerqué yo.

Se quedaron en la puerta
esperando que saliera
les compré algunos dulces
ellos esperaban fuera.

Nos volvimos hacia el parque
en un banco me senté
los cisnes alrededor
la comida les mostré.

Todos estaban muy quietos
hasta que la destapé
con chocolate que tiene
parece que acerté.

Los dulces se los fui dando
ellos todos los comieron
cuando fueron terminando
al agua que se volvieron.

Allí nadando despacio
los ocho cisnes estaban
su cuerpo blanco precioso
el agua lo reflejaba.

Me pareció que un sueño
con ellos había tenido
pero el papel del dulce
vacío estaba conmigo.

AMOR

4. LA OCA LISTA

En el río navegando
baja un barco cargado
a sus lados van graznando
las ocas se han colocado.

Las hay grandes y pequeñas
todas nadan al compás
me fijo en la más chica
de ella te voy a contar.

Es pequeña y preciosa
las plumas tiene marrones
va nadando entre las otras
alguna le da empujones.

Ella ya se ha cansado
y se pone a volar
se coloca la primera
todas van a protestar.

Viene una grande a picarla
a ella se ha enfrentado
—A mí no me pica nadie.
muy fuerte se ha escuchado.

Las ocas se han sorprendido
no esperaban la reacción
a la chica le ha salido
un graznido que asustó.

Todas se quedan muy quietas
nunca han visto la reacción
de una oca tan chica
que se enfrente a una mayor.

Pero ahí no acaba eso
pues han llegado a un lugar
donde está la comida
y todas van a empezar.

Ella se pone delante
a nadie deja comer
una que desobedece
pronto se la ve caer.

Las otras muy asustadas
no entienden qué será
ella insiste graznando
y ninguna comerá.

Todas ahora comprenden
por qué no pueden comer
la comida no está buena
ella lo debe saber.

Con su actitud ha salvado
al no dejarlas comer
ya que tienen a su lado
la que sí la quiso hacer.

Ahora tienen un problema
que habrá que solucionar
todas tienen mucha hambre
y la tienen que calmar.

La oca chica que piensa
pronto da la solución
irán volando a un sitio
que comida un día vio.

Allí cerca hay un campo
seguro encontrarán
algún grano que al comerlo
el hambre las quitará.

Todas emprenden el vuelo
surcando el cielo van
la chica va la primera
luego todas seguirán.

Ella la más vivaracha
el mando ha asumido
las otras al ver que es lista
a su orden han seguido.

Cruzan el río volando
una vez y otra vez más
aunque vueltas allí dando
a tierra no bajarán.

Algo parece que pasa
que no se quieren posar
de pronto un gran sonido
se escucha por el lugar.

La tierra se ha movido
una gran grieta se abrió
las ocas con su graznido
a la gente alertó.

Los pocos que allí vivían
a las ocas entendieron
donde ellas indicaban
allí que se dirigieron.

Fue a un lugar seguro
donde no les pasó nada
allí vivieron en paz
y nunca lo olvidaban.

Cuando acudían las ocas
siempre comida les daban
pues fue que gracias a ellas
la vida todos salvaban.

La oca chica creció
como es muy natural
a todas las dirigió
y siempre las libró del mal.

Les encontraba comida
sabía dónde parar
en el río iba la primera
siempre sabe dónde va.

Si hay peligro ella sabe
la forma de no caer
ni en las fosas que el río tiene
donde la corriente es.

Traicionera y muy fuerte
donde hay dificultad
pues tiene mucha corriente
y te puede arrastrar.

Ella siempre está atenta
vigilando siempre va
no permite que a ninguna
nada le pueda pasar.

Esta es la historia que un día
alguien a mí me contó
de una oca que vivía
y que siempre conoció.

Por el río se pasea
a la caída del sol
siempre marcha la primera
cuida a todas con primor.

AMOR

5. EL BUITRE DORMILÓN

Volando allí en lo alto
una tarde me fijé
surcando venía el cielo
y con él venían tres.

Unos buitres parecían
de lejos los divisé
se acercaban y traían
algo que te contaré.

En su pico unos palitos
tres de ellos los portaban
el cuarto venía primero
nada en el pico llevaba.

Se pararon aquí cerca
el vuelo han detenido
y se ponen a dejar
los palitos que han traído.

Una forma tienen ellos
que no te sé explicar
los palitos son muy raros
y los van a colocar.

El que venía delante
sobre ellos se posó
encima de aquellos palos
que el trío colocó.

Oteando el horizonte
allí se le puede ver
parece que busca algo
seguro que tiene sed.

Ha levantado el vuelo
los tres vuelven a coger
los palitos de aquel suelo
y delante se les ve.

El buitre marcha el primero
y primero beberá
también come el primero
y primero dormirá.

Es la hora de la siesta
pues como hace calor
con la panza ya bien llena
dormir algo es lo mejor.

Los buitres están dormidos
y ya toca levantar
los tres se han despertado
—Dejadme un poquito más.

Protesta enfurruñado
no se quiere levantar
y sigue allí tumbado
duerme tranquilo y en paz.

Unos disparos lejanos
ahora acaban de sonar
los tres buitres van volando
a los tres alcanzarán.

Este por estar dormido
nadie allí le descubrió
mucho sueño ha tenido
por ésta vez se salvó.

Los disparos le despiertan
muy quietito se quedó
y fue gracias a esa siesta
que la vida no perdió.

AMOR

6. LA CODORNIZ Y EL CONEJO

Volando una mañana
hasta un campo llegó
allí había un conejo
y rápido se acercó.

Ella ha aterrizado
pero algo la pasó
en vez de poner las patas
de cabeza ella cayó.

El conejo que la ha visto
en seguida se ha acercado
—¿Qué te ha pasado amiga?
El conejo ha preguntado.

Ella medio mareada
enseguida respondió
—¿Que qué es lo que ha pasado?
eso saber también yo querría.

El conejo a reír
enseguida se ha echado
—Pues yo te puedo contar
lo que creo que ha pasado.

»Que venías distraída
y ni cuenta te has dado
que el suelo estaba cerca
y por eso has chocado.

—¡Mira que eres listillo!
—la codorniz le decía—
que me he dado un gran golpe
eso que yo ya lo sabía.

»Y encima a reír
de mí tú te has echado
ahora me enfado contigo
y marcho a otro lado.

—Espera, no tengas prisa
que aún no me has contado
por qué viniste hasta aquí
pues este campo es mi lado.

—¡Qué este campo es tuyo?
¡no me lo puedo creer!
¿a quién se lo has comprado?
que yo le voy a ver.

—Comprar no lo he comprado
eso sí que es verdad
pero siempre aquí he estado
y ahora no me voy a marchar.

—Pero ¿quién te ha dicho eso?
yo ni lo había pensado
sólo quería estar
un poquito a tu lado.

El conejo sorprendido
—¿Por qué? —le ha preguntado—
si nunca nos hemos visto.
Ella así le ha contestado.

—Cuando estaba volando
te he visto que corrías
por eso me he acercado
a ver lo que tu hacías.

—¿Y qué estaba yo viendo?
—el conejo preguntaba.
—¡Yo que sé! —le ha contestado
por eso yo me acercaba.

—Pues, ¡No entiendo nada!
—el conejo le decía
la codorniz con paciencia
otra vez lo repetía.

—Es seguro que corrías
porque algo habrás visto
y así lo alcanzarías
porque me pareces listo.

Pensativo el conejo
un ratito se ha quedado
no sabe qué responder
y unos pasos ha dado.

—¿A dónde te vas ahora?
que no me has respondido.
—Me voy a dormir a casa
que estoy aburrido.

Y corriendo se ha metido
allí en un agujero
la codorniz que le ve
ha emprendido el vuelo.

—Pues yo me voy a la mía
que tengo que descansar
se está acabando el día
y muy oscuro que está ya.

AMOR

7. LA CIGÜEÑA Y LA MOSCA

Acostada en su nido
sé que en la torre estaba
vio venir a alguien volando.
y enseguida preguntaba

—¿Adónde vas? —le ha dicho.
La otra le contestó
—A ver qué tal se está aquí
y quizás me quede yo.

—Pero, ¿Qué estás diciendo?
—la cigüeña protestó—
esto que estás tú viendo
un día lo hice yo.

Es un nido muy bonito
que mucho me costó hacer
y no te pienso dejar
sólo tú lo puedes ver.

La mosca la estaba mirando
y así la contestaba
—Este nido es muy grande.
Y la otra protestaba.

—Pero, ¡A ti no te importa!
—Y empujando la echaba.

La mosca está volando
una vuelta se ha dado.
y después pasa un ratito
y rápido a regresado.

—Cigüeña, tengo un problema
¿me podrías ayudar?
—le decía la mosquita
que se quería posar.

—Dime —dice la cigüeña
que no podía dormir
pues la mosca por allí
ve que no se quiere ir.

—Es que estoy muy cansada
y quisiera descansar
si me dejas el nido
no te voy a molestar.

—Pero sólo un ratito
—la cigüeña le decía—
luego emprende el vuelo
—muy seria se lo repetía.

La mosca ya con permiso
las dos patitas ponía
en una rama del nido
y allí se detenía.

Pero algo ha pasado
que ninguno esperaba
cuando el nido ha pisado
a moverse comenzaba.

Con lo chica que parece
la mosca ha destruido
el trabajo que llevó
construir todo el nido.

Pues con aquel movimiento
el nido se ha caído
y al dar en aquel suelo
se ha deshecho el nido.

La cigüeña está mirando
¡no se lo puede creer!
¿y ahora ella qué hace?
¡la construirá otra vez!

La mosca avergonzada
disculpas está pidiendo
no quería hacer nada
pero todo está viendo.

—Perdona, que no quería
no sé cómo ha ocurrido
te ayudaré a hacerlo
construiremos otro nido.

—Mira, mejor márchate
—la cigüeña le decía—
vete muy lejos de aquí.
Y la mosca obedecía.

La cigüeña trabajando
con paciencia construyó
otro nido en la torre
y después ella descansó.

AMOR

8. EL GUSANO Y EL PÁJARO

En un manzano subido
un gusano se encontraba
allí tenía su casa
y muy tranquilito estaba.

Una mañana temprano
algo raro escuchó
la rama la han cortado
y al suelo se cayó.

El gusanito asustado
escondidito estaba
metido en su agujero
no sabe lo que pasaba.

Todo se movía mucho
él mareado estaba
pero no sabe qué hacer
y pensando se encontraba.

De pronto ha escuchado
a alguien que le decía
—¿Qué te pasa amiguito?
Y rápido miraría.

El gusanito asustado
enseguida descubrió
al que le había hablado
y así le contestó.

—Hoy no es mi día seguro
primero me he caído
luego moviéndome estaba
y ahora tú has venido.

El que le estaba escuchando
extrañado preguntó
—Aclárame lo que dices
que nada te entiendo yo.

El gusanito bajito
al otro así le decía
—No sé qué he hecho hoy
para que sea mi último día.

—¿Tú ultimo preguntó.
El otro allí al lado.
El gusanito contesta
—¿Cómo me has encontrado?

—Te he visto acurrucado
y te pensaba ayudar
pero luego me has hablado
y no me puedo enterar.

—Dices que el ultimo día
o algo así parecido
aclárame que te pasa
por favor yo te lo pido.

El gusanito despacio
al otro le preguntaba
—¿No has venido a comerme?
—No —el otro contestaba.

—Yo soy un pájaro bueno
que te quiero ayudar
si me dejas te transporto
de nuevo hasta tú hogar.

—¿Qué hogar? —ha preguntado
el gusanito encogido—
si alguien me lo ha roto
y del árbol me he caído.

—Mira tú estate quieto.
—el pájaro le decía
y cogiéndole del pico
al manzano le subía.

Volando llega a una rama
allí le depositó
el gusanito contento
muchas gracias él dio.

—Amigo ven cuando quieras
que aquí te esperaré
—le decía el gusanito
cuando el pájaro se fue.

AMOR

9. EL NIDO DEL AGUILA

En la montaña más alta
que hay en esa región
un día llegó un águila
y su nido construyó.

Allí cerca de las nubes
donde nadie llegará
ella hace su casita
y así descansará.

Porque por mucho que quieran
subir allí escalando
nadie lo conseguirá
a no ser que sea volando.

Pcro ella que es muy lista
también eso ha previsto
ha escogido el sitio
que nadie seguro ha visto.

Esta en todo lo alto
pero muy bien protegido
y desde el aire no ve
nadie donde está el nido.

El águila allí echada
ya puede bien descansar
seguro que allí arriba
no la van a molestar.

Porque ella es dormilona
y no lo soportaría
que alguien la despertara
antes de que llegue el día.

Que salga el sol no le importa
ella allí continuará
durmiendo muy tranquilita
nadir la interrumpirá.

Pero ella no contaba
con algo que comprobó
que como tan alto estaba
casi casi la rozó.

Un enorme avión
pasaba de madrugada
por encima de la cima
y a ella despertaba.

Malhumorada mirando
al avión se quedaba
no se podía creer
que eso allí la pasara.

Ni corta ni perezosa
se ha ido a protestar
donde está muy segura
que la van a escuchar.

Un grupo de ecologistas
que sabe defenderán
la tranquilidad que ella
necesita para anidar.

Y mucha razón tenía
los gritos han defendido
al águila en la montaña
donde construyó el nido.

Y ya nadie la molesta
el avión ha cambiado
la ruta, por ahí no pasa
y así ella ha descansado.

AMOR

10. EL GORRIÓN CONSTIPADO

Lloviendo toda la tarde
en el campo ha estado
y los árboles que hay
todos se han empapado.

Un gorrión que vivía
en su nido en un pino
también se empaparía
como le pasó al vecino.

El gorrión se levanta
pues ve que ya es de día
y a cantar como siempre
en la rama se ponía.

Pero algo hoy le pasa
que no podía empezar
es que se ha constipado
y así no puede cantar.

Intentando el gorrión
cantar no lo conseguía
cuando el vecino le vio
y así le preguntaría.

—¿Qué te pasa hoy amigo?
que no te escucho cantar.
El gorrión que le ha oído
se ha puesto a buscar.

Mira por todos los lados
pero a nadie veía
él lo había escuchado
por eso preguntaría.

—¿Quién está por aquí hablando?
que no le puedo encontrar.
De pronto un gusanito
aparece en el lugar.

Estaba allí metido
en una rama al lado
en su pequeño agujero
y despacio se ha acercado.

El gorrión que le ve
enseguida preguntó
—¿A dónde vas gusanito?
Y el otro le miró.

—Mira —le dice despacio—
sé que te has constipado
pero si quieres cantar
te tendrás que ir a otro lado.

—¿Por qué lo tengo que hacer?
—el gorrión preguntaba.
—Tendrás que ponerte al sol
—el gusano contestaba.

A reír el gorrión
enseguida se ponía
—¿Al sol?, estarás de broma
eso será otro día.

—Ten paciencia —le decía
el gusanito al lado—
verás cómo viene el sol
pues de llover ya ha dejado.

Así pasaron un rato
hasta que el sol llegó
el gorrión al gusano
de esta forma le habló.

—No sé cómo lo has sabido
pero por fin ha llegado
me voy volando a ver
si se me va el constipado.

Y emprendiendo el vuelo
otra ramita buscó
que estuviera más alta
y allí al sol se posó.

Un rato así ha pasado
ha intentado cantar
y como ya le salía
vuelve volando a su hogar.

Allí en el pino aquel
donde estaba el gusanito
las gracias le está dando
y le canta un poquito.

El amigo al escucharle
muy feliz le sonreía
—Ves, ya lo haces muy bien
—contento así le decía.

El gorrión sigue y sigue
canta una linda canción
que todo el bosque escucha
dando las gracias al sol.

Pues fue él quien le curó
y es muy agradecido
y con esa melodía
el sol le ha sonreído.

AMOR

11. EL COLIBRÍ LISTO

Un colibrí hoy cantaba
se le escuchaba muy bien
una melodía entonaba
y acudieron unos cien.

Yo no sabía qué decía
pero alguien escuchó
la llamada que él hacía
y rápidamente acudió.

El árbol ahora está lleno
pájaros por todos lados
han acudido al oír
al pájaro que ha cantado.

Todos están protegidos
ninguno se ha mojado
bajo las hojas metidos
a llover ha comenzado.

El pajarillo sabía
que se pondría a llover
a los otros advertía
se tenían que proteger.

Corriendo todas a una
al árbol se dirigieron
y cuando empezó a llover
de ella se protegieron.

Los pájaros saben eso
que la lluvia llegará
y antes de que se mojen
todos se protegerán.

Poco a poco hemos perdido
ese instinto que había
ahora ya no sabemos
que la lluvia hoy vendría.

Nos mojaría a todos
por no saber la razón
y protegernos de pronto
antes de el chaparrón.

Un pequeño colibrí
ese instinto tenía
y avisó a los otros
de la lluvia que venía.

Muy listos creemos ser
pero no es realidad
hasta la lluvia nos moja
sin poderla detectar.

Cuando se acerca el agua
siempre él nos pillará
pues el instinto dormido
nunca nos avisará.

Del colibrí aprendamos
si ponemos atención
si su canción escuchamos
nos evita un remojón.

AMOR

12. LOS PAJAROS ENJAULADOS

La jaula estaba llena
de tantos como había
no les pude ni contar
todos allí se movían.

Eran pájaros preciosos
de colores todos ellos
pero tristes se vean
así se lo dije al dueño.

Pero el malhumorado
dijo que yo qué sabía
el pájaro enjaulado
así es como vivía.

Yo le dije que dejara
a los pájaros salir
y que ellos volverían
a meterse luego allí.

Él extrañado me dice
que todos se marcharán
y si les deja salir
ya nunca más los verá.

Le aseguro que no es cierto
volverán todos aquí
donde viven muy tranquilos
pero tienen que salir.

No parece convencido
pero la jaula abrió
poco a poco todos salen
todo pájaro marchó.

Cerca de allí se encuentra
una zona forestal
los pájaros se dirigen
volando allí sin parar.

Esperamos un ratito
no mucho y fue así
los pájaros uno a uno
todos volvieron aquí.

Cantando unas canciones
como nunca sin igual
la alegría que ellos traen
la tienen que expresar.

El dueño está contento
no se lo puede creer
les hace allí un recuento
todos están según él.

Contentos porque han salido
en la jaula ahora están
el dueño muy sorprendido
dice: —Mañana haré igual.

Desde ese día el dueño
los deja de allí salir
los pájaros vuelan libres
luego se les ve venir.

Contentos a su casita
donde a gusto están
donde tienen comidita
y saben que les querrán.

Pero también libertad
gozan volando a diario
así se pasan la vida
y disfruta el vecindario.

Alegremente sus trinos
allí se pueden oír
viven así su destino
y son felices al fin.

AMOR

13. EL CAMELLO JOROBADO

En el desierto vivía
como otros como él
allí pasaba la vida
y se encontraba muy bien.

Estaba amaneciendo
el sol salía allí
el camello está comiendo
pero pensaba así.

"¿Qué habrá allá a lo lejos
donde yo nunca lo vi?
tendré que marchar un día"
él siempre pensaba así.

El pensamiento aquel
a diario le tenía
hasta que un día distinto
en marcha él se pondría.

Se levantó el primero
para que nadie le viera
se puso a andar ligero
antes de que el sol saliera.

"El desierto es muy grande"
eso él iba pensando
por más que andaba y andaba
él ningún sitio iba observando.

Sólo arena y arena
por el camino encontraba
empezó a estar cansado
pues mucho sol ya le daba.

No sabía si volverse
o tendría que seguir
no había encontrado
lo que creyó había allí.

Él siempre había pensado
que algo allí habría
árboles con mucha sombra
seguro que encontraría.

Con manjares exquisitos
que allí el comería
pero ahora desolado
muy triste hoy se ponía.

Se tumbó sobre la arena
no sabía qué hacer
si regresar a su casa
o dejarse perecer.

Estando allí muy solo
hambriento y desfallecido
algo le pasó de pronto
él no sabe lo que ha sido.

Volando iba seguro
eso sí que divisó
un pájaro que muy raro
eso a él le pareció.

El pájaro se ha parado
el ruido ya no escuchó
fue detrás de ese monte
donde el pájaro paró.

Eso pensó el camello
y se puso a correr
si el pájaro se para
algo allí debe de haber.

Corriendo subió la duna
y más desierto encontró
allí en la lejanía
ningún pájaro el vio.

Cuando estaba allí mirando
otro pájaro pasó
esta vez desde lo alto
vio dónde se dirigió.

Aunque aún no lo veía
sabía que por allí
el pájaro estaría
por eso se dijo así.

"Si un pájaro ha llegado
también podré llegar yo"
y ya más animado
por el desierto siguió.

Las dunas va él subiendo
aunque cansado está
cuando llega allí arriba
algo él encontrará.

A lo lejos se divisa
es un paisaje precioso
mucha agua tiene él
le parece muy hermoso.

Una ciudad ha encontrado
a ella él se acercó
los niños que allí había
al camello le gustó.

La algarabía le gusta
los niños juegan con él
allí fue muy feliz,
y se queda a vivir él.

AMOR

14. LA CACATÚA PARLANTE

Subida sobre un árbol
con su plumaje al sol
oteando el horizonte
un cazador la encontró.

—Bonita vente conmigo
que mucho te voy a querer
yo siempre seré tu amigo
y te daré de comer.

La cacatúa curiosa
del árbol pronto bajó
algo le había gustado
el gorro del cazador.

Se posó en su cabeza
no se quería quitar
el cazador entendió
que con él quería estar.

Despacio, muy lentamente
en el coche se metió
la cacatúa en el gorro
del sitio ni se movió.

Arranca muy despacito
no la quiere asustar
el pájaro distraído
muy quietito allí va.

El hombre habla tranquilo
le dice su decisión
—Vente conmigo a mi casa
allí vivirás mejor.

La cacatúa en silencio
hasta ahora ha estado
pero en este momento
—Sí —se le ha escuchado.

El cazador muy contento
la respuesta escuchó
y se puso muy nervioso
y el freno que pisó.

El animal del frenazo
del sombrero se bajó
cayó al asiento de atrás
y pronto que protestó.

—Oye, ¿me quieres matar?
¿pero qué te he hecho yo?
no sabes ni conducir
vaya golpe que me dio.

El cazador ha parado
y mira al animal
—Perdona, me he asustado
al escucharte hablar.

—Vaya amigo que me he echado
que valiente que es él
a un pájaro ha escuchado
y casi se estrella con él.

La cacatúa no para
habla y habla sin parar
el cazador se impacienta
y la obliga a callar.

La cacatúa muy seria
dijo —Algo hay que aclarar
si no quieres escucharme
aquí me voy a bajar.

»Yo contigo me he venido
a pasármelo mejor
pues en el árbol subido
muy sola estaba yo.

»A mí me gusta hablar
eso no puedo negarte
y no me pienso callar
ahora vas a enterarte.

»Piensa ahora la respuesta
esperándola estoy yo
si sigo aquí subida.
—Y cayó y esperó.

El cazador enseguida
al pájaro contestó
—Has alegrado mi vida
buscándote estaba yo.

»Alguien que hable conmigo
que vivo en soledad
que fuera un buen amigo
y me pueda molestar.

»La casa está en silencio
no me gusta así estar
la vida es muy difícil
cuando no hay con quien hablar.

La cacatúa charlando
pasa el resto del viaje
su vida le está contando
narra también su linaje.

Que tenía una mamá
que la regañaba mucho
porque hablaba sin parar
—Dice que hablo y no escucho.

»Pero un día se fue
algo le debió pasar
pues mucho la he buscado
y no la pude encontrar.

»Llegué un día al árbol
donde tú me has encontrado
vivía allí en lo alto
sola como me has hallado.

»También sé de soledad
y de día aburridos
de no poder ni hablar
por no tener un amigo.

»Ahora que te he encontrado
no creas que te voy a dejar
y ya siempre yo a tu lado
los días voy a pasar.

El tiempo pasó volando
los dos viejitos están
en la casa ellos charlando
ya no tienen soledad.

AMOR

15. LA LECHUZA COLORADA

En el bosque habitaba
un día salió de allí
pues muy curiosa estaba
ahora te lo cuento a ti.

La lechuza era grande
no había otra igual
muy graciosa y galante
y burlando todo mal.

A los pájaros que había
allí por aquel lugar
la lechuza los decía
—Venir todos a jugar.

Con ellos pasaba el tiempo
volando allí sin parar
jugando al escondite
nadie la puede ganar.

Una mañana temprano
distinta se levantó
la lechuza está volando
y muy lejos se marchó.

Del bosque se ha salido
no sabe ni donde va
pero el viento ha seguido
este lejos le traerá.

Arrastrada por el viento
montañas atravesó
nunca vio nada igual
y mucho que le gustó.

Unos prados verdecitos
a lo lejos divisó
y parándose un poquito
pronto en ellos se posó.

Nunca ella había visto
una hierba tan fresquita
va andando por allí
la pisa con sus patitas.

Como un blando colchón
a ella le parecerá
este suelo es distinto
y aquí se quedará.

A lo lejos algo raro
acaba ella de ver
se acerca con cuidado
y en silencio a la vez.

No es un árbol conocido
de esos que allí había
del lugar que ha venido
en donde antes vivía.

Muy raro parece todo
más ella se acercará
cuando estaba llegando
algo la sorprenderá.

Del árbol sale una cosa
que antes nunca ella vio
se mueve de forma rara
y a observarlo paró.

Está haciéndole al árbol
algo que no conocía
cambiándole de color
eso ese ser hacía.

En un cubo que hay al lado
algo raro encontró
se acercó a mirarlo
y tanto que se coló.

Dentro cayó la lechuza
ahora no puede salir
pues algo muy pegajoso
es lo que encontró allí.

Aun ella no conoce
que se acaba de pintar
con lo que había en el cubo
y muy rara va a quedar.

El hombre que había pintado
a la lechuza salvó
cogiéndola de las patas
de aquel cubo la sacó.

La deja sobre el suelo
y ella se revolvió
algo raro en sus plumas
enseguida sí notó.

El hombre la echa agua
enseguida la mojó
aunque se le quita algo
de rojo ella quedó.

Nunca nadie había visto
una lechuza igual
tan grande como ella era
y volando sin parar.

Sus plumas brillan al sol
y muy bonitas están
a todos les gusta mucho
y la quieren de verdad.

Ella está muy contenta
pues nunca sola se ve
revolotea tranquila
se marcha y vuelve después.

La lechuza colorada
vuela y vuela sin parar
con sus plumitas al sol
así mucho brillará.

A todos hace felices
pues siempre alegre está
juega mucho con los niños
que hay por aquel lugar.

AMOR

16. EL HALCÓN HERIDO

Volando viene despacio
surcando el horizonte
algo allí le ha pasado
en lo alto de aquel monte.

Al pasar por el sembrado
una gotita cayó
en una flor ha chocado
y ella cuenta se dio.

—La sangre que me ha caído
un buen susto me ha dado
seguro que ha surgido
de tu cuerpo en algún lado.

»Eso es que estas herido
vente a mi lado a parar
siempre has sido mi amigo
y te tengo que cuidar.

El halcón que la escuchó
a su lado ha bajado
muy cerquita se posó
y a la flor ha contestado.

—Eres pequeña y graciosa
y sé que hueles muy bien
pero tú de estas cosas
no debes de conocer.

Iba a emprender el vuelo
y marcharse del lugar
cuando muy seria la flor
le vuelve a contestar.

—Espera no corras tanto
que te tengo que decir
que yo tengo un amigo
que te puede bien servir.

»Es una planta de aloe
que quita todo el mal
acércate de mi parte
seguro te va a curar.

La pequeña florecilla
en silencio se quedó
el halcón está a su lado
y sorprendido le vio.

—Mira, tu herida sangra
y nada puedes perder
acércate a la planta
ya verás no va a doler.

Después de pensarlo un poco
se ha decidido mover
"seguro que no hace nada"
pero él lo va a ver.

El halcón va cojeando
la patita tiene herida
y un poco va sangrando
pero llega enseguida.

Se acerca a la planta
y con su herida dio
un rozón muy despacito
que apenas le dolió.

Al instante ha dejado
la sangre de aparecer
el dolor se ha quitado
eso él lo puede ver.

El halcón agradecido
las gracias allí le dio
y se puso a volar
y del sitio se marchó.

La herida que tenía
prontito se le curó
desde lejos el veía
la flor que le ayudó.

—Gracias —le dijo volando.
Y la flor le escuchó
—Para eso estamos todos
—la flor bajo contestó.

AMOR

17. EL PÁJARO CARPINTERO

Era por la primavera
cuando un día escuché
algo que sonaba lejos
y despacio me acerqué.

El ruido que se escuchaba
no podía conocer
no sabía quién lo hacía
por eso lo quería ver.

Andando por el camino
admirando el paisaje
llegaría al destino,
y mi curiosidad traje.

Árboles por todos lados
con ese verde precioso
con brotes recién nacidos
que les hace olorosos.

Las flores de mil colores
que pude allí admirar
acogen con sus Amores
la vida empieza a brotar.

Las hay blancas
y amarillas
o las amapolas rojas
unas se muestran sencillas
por el color de sus hojas.

Allí veo unas azules
enredan el árbol aquel
quieren subir a las nubes
donde el horizonte ven.

Esas flores amarillas
que brillan con este sol
con el rocío en sus hojas
todo parece un primor.

Yo sigo por el sendero
pues el ruido aún escucho
es un pájaro carpintero
aunque de él no se mucho.

Con su largo pico toca
el tronco con un compás
que retumba en el bosque
cuanto más cercano más.

Pone música distinta
al paisaje que se ve
son sonidos de este bosque
que te harán soñar después.

Un sueño maravilloso
donde tú recordarás
cómo volaba el gorrión
o a la cigala verás.

Ese pájaro chiquito
que está aprendiendo a volar
te indica que la vida
siempre vuelve a comenzar.

La flor que hoy se ha abierto
mañana se cerrará
así se cumple un ciclo
que pasado volverá.

Son sueños de una vida
que siempre hay que tener
cuando se escucha un sonido
debemos de irle a ver.

El pájaro con su pico
está marcando el compás
nos indica que al destino
pasito a pasito vas.

Pasa siempre observando
lo que hay alrededor
así irás comprobando
que todo es superior.

Los árboles del entorno
que embriagan los sentidos
se te introducen muy hondo
activando los sonidos.

Escucha con atención
te traerán mil mensajes
que llegan al corazón
recordando los parajes.

Es la vida que al encuentro
día a día te saldrá
vívela intensamente
seguro te gustará.

AMOR

18. LA BONITA GOLONDRINA

Volando con armonía
la golondrina pasaba
lo hacía todos los días
yo siempre la contemplaba.

No sabía dónde iba
ni sabía la razón
pero un día la seguí
y vi su motivación.

Está haciendo su nido
muy cerquita de aquí
por eso continuamente
se la ve ir y venir.

En un rincón de un tejado
de un soportal que hay
ha construido, ha hecho
la razón de su viajar.

Con su esfuerzo diario
el nidito terminó
y se metió un día adentro
y después esto pasó.

No sé cuánto tiempo hace
pero un día escuché
un pio, pio constante
y al nidito me acerqué.

Dos cabecitas muy chicas
están allí asomadas
no dejaban de piar
no sé lo que les pasaba.

Al momento la respuesta
del dilema me enteré
su mamá traía comida,
y más pio, no escuché.

La golondrina cuidaba
a sus pequeños hijitos
y comida ella les daba
que traía en su piquito.

El tiempo pasa volando
los hijitos ya crecieron
una mañana temprano
todos del nido partieron.

El nido ya está vacío
solitario se quedó
el lugar está en silencio
la golondrina partió.

Cuando pase algún tiempo
ella volverá a empezar
a construir otro nido
quizás en otro lugar.

AMOR

19. LAS GARZAS ROSAS

Una gran algarabía
se escucha por la mañana
donde un lago había
muy cerca de una montaña.

El sol estaba saliendo
las garzas se han despertado
se van alegres poniendo
pues el sol ha regresado.

Con sus alas extendiendo
van saludando al sol
éste que ya está saliendo
y que les trae su calor.

Las garzas ríen contentas
muy alegres se las ve
la mañana es bonita
el sol les viene a ver.

Todas están en el lago
un baño se van a dar
así sus plumas brillantes
con el agua quedarán.

Después emprenden el vuelo
a por comida hay que ir
ya se las ve en el cielo
las garzas están allí.

El pastor en la montaña
el ruido escuchará
las mira entretenido
las garzas se marcharán.

Pero hoy es diferente
el pastor así lo vio
allí se ve mucha gente
y eso le intrigó.

No es un lugar que visiten
a diario las personas
es un sitio solitario
siempre en silencio a solas.

Él está en su montaña
y desde allí lo verá
ahora unos camiones
y unas grúas llegarán.

Al lago se han acercado
junto a él trabajarán
poco a poco han desecado
las garzas no volverán.

Alguien dispuso un día
que ese lago le estorbaba
el agua le quitaría,
y de esa forma actuaba.

El pastor desde lo alto
asombrado contempló
cómo poco a poco allí
todo el lago se secó.

No sabía lo que hacer
algo tenía que pensar
se sentó en una piedra
pues quería descansar.

Al lado de aquella piedra
un charquito de agua vio
y en ese mismo instante
la idea se le ocurrió.

Corrió la piedra a un lado
y vio el agua surgir
ya sabía lo que hacer
y se tenía que ir.

A su casa fue deprisa
una azada él cogió
y después de trabajar
la idea consiguió.

Había hecho un agujero
donde salía en agua
ahora corría un reguero
bajando por la montaña.

Cada vez era más grande
en el llano se paró
chocando con unas rocas
allí que se embalsó.

Las garzas cuando volvieron
vieron el agua aquel
y corriendo se metieron
a jugar y a beber.

AMOR

20. EL LORITO PARLANCHÍN

Verde, azul, amarillo
esos colores conté
en el cuerpo del lorito
que un día me encontré.

En un árbol ahí subido
una mañana temprano
cuando yo me iba a clase
con la cartera en la mano.

Me paré para mirarle
él muy fijo me miró
—¿Qué haces en ese árbol?
—de pronto pregunté yo.

—Es una pregunta tonta
la que me acabas de hacer
estoy mirando el paisaje
desde aquí muy bien se ve.

—¡Anda pero si has hablado!
¿y tú dueño dónde está?
¿sabes que eres muy bonito?,
y qué penita me das.

—Muchas preguntas de pronto
todo te contestaré
si me acuerdo lo que has dicho
yo te lo responderé.

»Claro que te he hablado
¿qué te creías mujer?
que porque estaba callado
¡no lo podía yo hacer!

»Dueño no tengo señora
vivo libre como el viento
y me muevo a todas horas
o me paro y lo siento.

»Bonito no sé qué es
yo como los otros soy
de colores tú me ves
es que de colores soy.

»No entiendo por qué dices
que tristeza yo te doy
siempre estoy muy contento
a todo el sitio que voy.

El lorito no paraba
no me dejaba hablar
hasta que saque un pañuelo
y se me puso a mirar.

—La boca tú no me tapes
que no podré respirar
si quieres yo ya me callo
así podrás tú hablar.

Yo quedé muy extrañada
ante aquella reacción
le dije: —no te hago nada.
Y me quite el sudor.

Volvió el pañuelo al bolsillo
y el loro respiro
aliviado se veía
y esto él me contó.

Cuando era más chiquito
un día le apresaron
como era parlanchín
el piquito le ataron.

Él no pudo resistirlo
de la jaula se escapó
y ya nadie le ha cogido
y libre él se movió.

Yo le dije enseguida
si se quería venir
en mi casa libremente
estaría por allí.

Él se vino encantado
yo le doy de comer
a menudo, y charlando
me demuestra su querer.

Me dice que aquí conmigo
muy a gustito está
que siempre será mi amigo
y también me cuidará.

Se sale a la terraza
y se vuelve a meter
toda la casa es suya
le tengo que agradecer.

Desde que está conmigo
ya no tengo soledad
él es un muy buen amigo
y alegría me da.

Si un día me ve triste
se me pone a cantar
se pasa el tiempo cantando
la tristeza se me va.

AMOR

21. LA PERDIZ TRAVIESA

Correteando en el campo
una perdiz se encontraba
había corrido tanto
que muy cansada estaba.

Se paró en una sombra
y un rato descansó
allí estaba muy quieta
cuando esto le pasó.

Vio que venía un conejo
muy cansado le encontró
y aunque era muy viejo
ella de pronto pensó.

"Me esconderé en silencio
y él no me podrá ver"
como lo pensó lo hizo
corriendo se fue a esconder.

El conejo llegó entonces
y tranquilo se echó
bajo unos matorrales
y en la sombra se durmió.

La perdiz sale en silencio
y dormido le encontró
de pronto ella alza el vuelo
y mucho ruido formó.

El conejo se despierta
por todos sitios miró
pero no encontró nada
y de nuevo se durmió.

La perdiz se ha escondido
por eso no la encontró
ahora que se ha dormido
de nuevo ella voló.

Mucho ruido hace ella
y le vuelve a despertar
el conejo se levanta
y la empieza a buscar.

—Sé que te has escondido
pero te voy a encontrar
me ha despertado tu ruido
ahora te vas a enterar.

La perdiz que le escuchaba
corriendo salió de allí
el conejo la buscaba
la vio y la va a seguir.

Pero como es traviesa
muy corriendo llegará
a donde hay un embalse
y a volar se pondrá.

El conejo que la sigue
el agua no la vera
pues corría muy deprisa
y de cabeza caerá.

—Socorro hay mucha agua
y no aprendí a nadar"
el conejo remojado
no dejaba de gritar.

Desde lejos le miraba
la perdiz y le decía
—¿No me querías matar?
pues yo salvarte podría.

El conejo despacito
la dijo a la perdiz
—Era una broma eso
anda sácame de aquí.

La perdiz con gran destreza
al conejo ayudó
alcanzándole un palo
y el conejo se subió.

Poco a poco a la orilla
el agua le arrastró
el conejo ya está a salvo
pero mojado quedó.

Él estaba tiritando
la perdiz le sugirió
—Ponte a correr un poco.
y el frío se le quitó.

Así se hicieron amigos
la perdiz y el conejo
ella era muy traviesa
y él está un poco viejo.

Pero se pasan los días
los dos juntos por el campo
se hacen así compañía
y no se aburren tanto.

Son felices correteando
y luego descansarán
se echan en una sombra
y allí ellos charlarán.

AMOR

22. EL PAVO REAL

En el parque paseando
un día me encontré
algo allí maravilloso
que aquí te contaré.

Con sus plumas estiradas
luciendo con esplendor
un pavo se encontraba
muy quietecito al sol.

El plumaje de un pavo
es difícil de explicar
sus mil colores al sol
son dignos de admirar.

Él que estaba quietecito
al momento me miró
y viniendo hacia mí
enseguida se acercó.

Sus plumas muy suavemente
con la brisa se movían
y sus dibujos preciosos
fantásticos parecían.

Muy cerca ya se encontraba
cuando quieto se quedó
y mirándome muy fijo
media vuelta que se dio.

Cerró de pronto el plumaje
y lo volvió a extender
yo le miraba asombrada
no lo podía creer.

Con un trino melodioso
una canción entonó
parece que fue llamada
lo que el pavo cantó.

Pues al ratito siguiente
muchos pavos acudieron
y poniéndose enfrente
todas las plumas abrieron.

Como cien pavos habría
cuando yo me retiré
no quería molestarles
y tranquilos los dejé.

AMOR

23. LOS PÁJAROS MAÑANEROS

Saliendo el sol estaba
una mañana temprano
allí ya se escuchaba
son los pájaros cantando.

De árbol a árbol iban
no paraban de volar
unas veces para arriba
o la media vuelta dan.

Su trino muy armonioso
lindo era su piar
los pájaros mañaneros
no dejaban de cantar.

Contemplándolos de pronto
una cosa en ellos vi
diferentes las especies
entre ellos distinguí.

Pero estaban muy juntitos
y cantaban al compás
había grandes y chiquitos
si les miras los verás.

Siempre en la naturaleza
bien podemos contemplar
lecciones que ella misma
si observamos nos dará.

No importa ser iguales
ni la raza ni el color
se crían allí juntitos
y cantan con gran primor.

También nosotros tenemos
que aprender la lección
y no mirar del hermano
ni su lengua o su color.

Así seremos felices
y podremos compartir
un mundo maravilloso
y en paz poder vivir.

AMOR

24. EL AVESTRUZ CORREDORA

Picoteando el suelo
un avestruz se encontraba
cuando allí a lo lejos
algo ella divisaba.

No sabía lo que era
pero lo quería ver
corriendo por la pradera
ella se puso a correr.

Sus grandes patas movía
lo tenía que alcanzar
pues lo que allí veía
lo quería picotear.

No conseguía cogerlo
tenía que correr más
y moviendo así sus patas
lo lograría alcanzar.

Corría, cómo corría
nunca antes lo hizo así
pero aquello se movía,
y ella estaba allí.

De pronto se quedó quieta
aquello ya no lo vio
de lejos miraba ella
y no lo localizó.

"Nunca más me pasará
desde hoy me entrenaré
y así todos los días
correré y correré"

Se levantaba temprano
para que nadie la viera
pasaba el tiempo corriendo
por toda esa pradera.

Había pasado mucho
ya casi lo olvidó
cuando un día nublado
algo allí divisó.

Se puso pronto a correr
pero no lo alcanzaba
eso no podía ser
pues ella mucho avanzaba.

Se quedó muy pensativa
tendría que entrenar más
cuando lo volviera a ver
seguro lo alcanzará.

Cuando allí estaba quieta
otra avestruz se cruzó
ella la dijo enseguida
—Ahora te acompaño yo.

Las dos iban caminando
y a la otra le contó
lo que le estaba pasando
y aquello que ella vio.

La otra muy pensativa
una cosa preguntó
—¿Has mirado para arriba?
—No —eso la contestó.

—Ya sé lo que te ha pasado
y a quién tú perseguías
era una nube chica
que el viento la movía.

»La sombra aquí en el suelo
algo a ti te pareció
pero estaba en el cielo
y por eso se marchó.

La avestruz muy pensativa
se propuso comprobar
la teoría que la otra
le acababa de indicar.

Otro día estando sola
de nuevo apareció
aquello allí a lo lejos
y corrió y lo siguió.

Cuando iba más deprisa
de la amiga se acordó
y parándose en seco
hacia el cielo miró.

Allí estaba una nube
que deprisa se movía
y su sombra en el campo
parecía que corría.

Por fin había encontrado
la que le hacía correr
aunque no la ha alcanzado
ahora bien la puede ver.

Pues siempre cuando corría
mirando el suelo estaba
al no mirar hacia arriba
a la nube no encontraba.

Desde ese día cambió
y aunque mucho corría
cuando pasaba la nube
la avestruz se detenía.

Miraba entretenida
a esa nube pasar
ahora ella sabía
que no la iba a alcanzar.

AMOR